AF240158

NOTICE

sur

les Retraites

ouvrières

et paysannes

et

la Caisse lorraine

de Retraites

2me édition, revue et corrigée.

Prix : **0** fr. **20** ; *franco* : **0** fr. **25**.

(RÉDUCTION PAR QUANTITÉ)

NANCY

6, rue de l'Equitation (Salle Déglin)

DÉCRET
autorisant la Caisse lorraine de retraites

(Journal officiel du 7 mars 1912).

Le Président de la République française,

Sur le rapport du ministre du Travail et de la Prévoyance sociale et du ministre des Finances,

Vu la loi du 5 avril 1910 et spécialement les articles 14 et 17 ;

Vu les articles 47 à 56 du décret du 25 mars 1911,

Décrète :

ARTICLE PREMIER. — La société de secours mutuels, dite « Caisse lorraine de retraites », dont le siège est à Nancy, 6, rue de l'E-quitation, est admise à assurer directement pour ses sociétaires les retraites prévues par la loi du 5 avril 1910, dans les conditions indiquées par le décret du 25 mars 1911, l'instruction du 20 juin 1911 et les décrets, arrêtés ou instructions à intervenir en vue de l'application de la loi du 5 avril 1910.

ART. 2 . . . . . . — . . . .
. . . .

Fait à Paris, le 4 mars 1912.

A. FALLIÈRES.

NOTICE

sur

Les Retraites ouvrières et paysannes

et

La Caisse lorraine de Retraites

CHAPITRE PREMIER

Bénéficiaires de la loi. — Cotisations et pensions.

Il y a deux catégories de bénéficiaires de la loi des retraites ouvrières et paysannes : *les assurés obligatoires* et les *assurés facultatifs.*

ARTICLE PREMIER. — Assurés obligatoires.

Les assurés *obligatoires* sont ceux qui sont tenus par la loi de faire des versements en vue de la retraite.

Ce sont les *salariés*, jeunes gens et jeunes filles, hommes et femmes, gagnant moins de 3.000 fr. par an et n'ayant pas encore demandé la liquidation de leur pension. Sous ce nom de salariés sont compris les employés et ouvriers du commerce, de l'industrie, de l'agriculture et des professions libérales, les serviteurs à gages et les domestiques attachés à la personne.

Ne sont pas exceptés les salariés qui travaillent aux pièces ou à domicile, ceux qui travaillent d'une façon intermittente comme un comptable, une femme de ménage.

Dans certains cas, il est difficile de décider s'il y a contrat de travail ou contrat d'entreprise. La note caractéristique du contrat de travail est le droit *de direction* qui est réservé au patron. Si l'employeur ne se réserve pas cette direction, il y a contrat d'entreprise. Celui qui exécute le

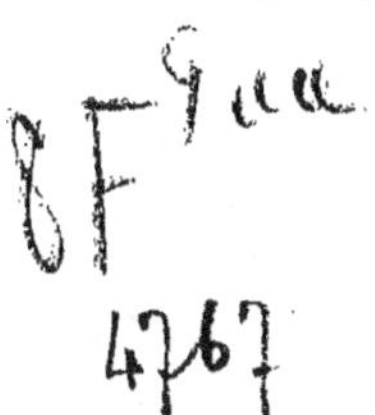

travail est un salarié dans le premier cas, un entrepreneur dans le second cas.

Ainsi, une brodeuse qui reçoit d'un patron des modèles, du fil, des lacets, paraît être une salariée. Le manœuvre qui est journalier est un assuré obligatoire ; mais celui que, dans l'agriculture lorraine, on appelle *manœuvre*, paraît n'être pas un assuré obligatoire.

Toutefois, ne sont pas assurés obligatoires certains salariés déjà soumis à une loi obligatoire de retraites, comme les fonctionnaires de l'Etat, les ouvriers et employés des mines, les employés de chemins de fer, etc...

Les *cotisations* des assurés obligatoires sont données dans le tableau suivant :

Qualité du salarié	Par an	Par mois	Par jour
Homme ayant plus de 18 ans....	9 »	0 75	0 03
Femme ayant plus de 18 ans....	6 »	0 50	0 02
Mineur ayant moins de 18 ans ..	4 50	0 ,375	0 015

Toutefois, la cotisation est de 1 % du salaire :

1° Pour les salariés qui travaillent une seule fois ou par intermittence pour le compte d'un même employeur, quand la durée de chaque période de travail est de moins d'une journée (par exemple, un comptable, une femme de ménage) ;

2° pour les salariés travaillant à domicile (par exemple, une brodeuse).

Ces cotisations doivent être retenues sur le salaire par le patron, lors de chaque paye.

L'assuré obligatoire peut augmenter sa pension en faisant des versements supplémentaires facultatifs.

Le patron est obligé de verser une contribution égale à celle de son salarié.

Cette double cotisation patronale et ouvrière produira une *pension* dont le montant dépend des conditions des versements et qui est majorée par une *allocation* viagère de 100 fr. donnée par l'Etat aux assurés obligatoires qui ont fait trente versements annuels complets.

Si l'assuré n'a effectué que de 15 à 29 versements complets, l'allocation est de 3 fr. 33 par année de versement.

Si l'assuré a fait moins de 15 versements complets, l'allocation de l'Etat est supprimée.

Pour les hommes, les deux années de service militaire et, pour les femmes, chaque naissance d'enfant entrent en ligne de compte pour la détermination de l'allocation de l'Etat.

L'âge normal de la retraite est de 60 ans. Mais l'assuré obligatoire peut faire liquider sa pension à partir de 55 ans; dans ce cas, l'allocation de l'Etat est réduite en conséquence. Il peut aussi ajourner la liquidation jusqu'à 65 ans et, dans ce cas, il peut, à son choix, à partir de 60 ans, toucher l'allocation de l'Etat, ou bien la faire verser à sa caisse d'assurance pour augmenter sa pension.

ART. 2. — **Assurés facultatifs.**

Les *assurés facultatifs* sont les personnes de nationalité française qui, sans y être obligées par la loi, font des versements pour avoir une pension de retraite.

Cette catégorie d'assurés comprend :

1° Les fermiers (1), cultivateurs, propriétaires exploitants, artisans et petits patrons qui, habituellement, travaillent seuls ou avec un seul ouvrier et avec des membres de leur famille, salariés ou non, habitant avec eux ;

2° Les membres non salariés de la famille des personnes précédentes qui travaillent et habitent avec elles ;

3° Les femmes ou veuves non salariées des assurés obligatoires ou facultatifs ;

4° Les salariés dont le salaire va de 3.000 à 5.000 fr.

La cotisation annuelle des assurés facultatifs peut varier, à volonté, entre 9 et 18 fr.

Chaque année, l'Etat attribue aux assurés facultatifs une subvention égale à la moitié de leurs versements. (L'assuré qui verse 10 fr. de cotisation reçoit une subvention de 5 fr.; celui qui verse 18 fr. reçoit une majoration de 9 fr.). La subvention cesse d'être accordée dès que la rente viagère obtenue à 60 ans par cette subvention, en dehors des versements personnels des assurés, est égale à 100 fr.

---

(1) Nous ne parlons pas des métayers, puisqu'il n'en existe pas en Lorraine.

Si l'assuré facultatif a versé moins de 9 fr. pour une année, il est invité par le préfet à compléter son versement dans le délai d'un mois ; si, dans ce délai, il ne le complète pas à 9 fr., il doit retirer sa carte de la préfecture, sinon, au bout de 2 ans, il perd tout droit sur sa cotisation qui est alors confisquée.

L'assuré facultatif peut faire liquider sa pension à son choix entre 60 et 65 ans.

Art. 3. — Cas particulier important.

Parmi les bénéficiaires de la loi des retraites, il en est qui, au cours de la même année, occupent tour à tour et habituellement la situation de salarié travaillant pour le compte d'autrui, et celle de petit propriétaire ou d'artisan travaillant à leur compte. Ces personnes semblent devoir appartenir à la fois aux deux catégories d'assurés.

Comme aucun assuré ne peut avoir deux cartes annuelles, l'une d'assuré obligatoire, l'autre d'assuré facultatif, *il appartient aux intéressés de faire connaître leur préférence en remettant leur bulletin de renseignements à la mairie.*

En général, le régime de l'assurance obligatoire est un peu plus avantageux que celui de l'assurance facultative, surtout pour les personnes âgées.

Quels sont alors les versements à faire ?

1re *hypothèse.* — Si l'un de ces assurés est sous le *régime de l'assurance obligatoire,* c'est-à-dire s'il a une carte annuelle de couleur grise, il subit, quand il est salarié, la retenue de sa cotisation sur son salaire et il reçoit de son patron un versement égal ; quand il n'est pas salarié et qu'il travaille pour son compte, il fait des versements en timbres rouges, de façon à compléter à 9 fr. (homme), 6 fr. (femme) ou 4 fr. 50 (mineur de moins de 18 ans) sa cotisation annuelle.

Ainsi, par exemple, sera en règle la carte d'une femme qui porte 7 fr. de timbres mixtes violets et 2 fr. 50 de timbres rouges ; le total des versements est de 9 fr. 50 dont 3 fr. 50 provenant de l'employeur et 6 fr. provenant de l'assurée (3 fr. 50 de retenue sur le salaire et 2 fr. 50 de versements personnels).

2e hypothèse. — Si l'assuré de la condition considérée est placé sous le *régime de l'assurance facultative,* c'est-à-dire s'il a une carte annuelle rose, il subit, quand il est salarié, la retenue de sa cotisation sur son salaire et il reçoit la contribution patronale correspondante. Quand il travaille pour son compte, il fait des versements en timbres rouges, de façon à compléter à 9 fr. sa cotisation annuelle.

Ainsi, par exemple, un jeune homme de moins de 18 ans a une carte rose d'assuré facultatif ; dans le cours d'une année, il est salarié pendant 40 jours et le reste du temps, il travaille avec ses parents ; il subit sur son salaire une retenue de $40 \times 0,015 = 0$ fr. 60 ; son patron appose sur la carte de cet assuré des timbres mixtes pour 1 fr. 20 ; ce jeune homme doit ajouter au moins 8 fr. 40 en timbres rouges, de façon que le total de son versement personnel et de la retenue sur son salaire atteigne le minimum de 9 fr. des assurés facultatifs.

CHAPITRE II

Comment bénéficier de la loi ?

Bulletins. — Cartes. — Timbres.

Pour l'application de la loi des retraites, il faut que l'assuré (ou, à son défaut, le secrétaire de mairie) remplisse un bulletin de renseignements. Ce bulletin est délivré gratuitement par les mairies.

Les renseignements demandés concernent le nom de l'assuré, ses prénoms, la date et le lieu de sa naissance, sa profession, sa nationalité, son adresse, le nom de la caisse d'assurance qu'il a choisie, la déclaration de réserve du capital ; enfin des renseignements supplémentaires sont demandés aux assurés de la période transitoire.

Nous reviendrons plus loin sur ces trois derniers points, les seuls qui présentent des difficultés.

Le bulletin de renseignements, rempli et signé, est envoyé par le maire au préfet.

Quelque temps après, le préfet fait parvenir à l'assuré par le maire : 1° la carte d'identité que l'assuré doit garder comme on garde son livret militaire ; 2° la carte annuelle qui est de couleur grise pour l'assuré obligatoire et de couleur rose pour l'assuré facultatif.

Les *assurés obligatoires* n'ont qu'à présenter à leur patron lors de chaque paie leur carte annuelle ; le patron colle des timbres-retraite, de couleur violette, dits *timbres mixtes,* parce qu'ils représentent à la fois la cotisation ouvrière et la contribution patronale. Ainsi quand la paie a lieu chaque mois, le patron retient 0 fr. 75 sur le salaire d'un homme et il colle un timbre violet de 1 fr. 50.

L'ouvrier peut faire des versements supplémentaires facultatifs en collant sur sa carte des timbres de couleur rouge.

Les *assurés facultatifs* collent des timbres rouges sur leur carte annuelle.

L'assuré doit se mettre en règle pour sa carte annuelle en ce qui concerne les timbres, quand il échange cette carte.

L'échange a lieu par les soins du maire dans la semaine de l'anniversaire de la naissance de l'assuré. Toutefois, lorsque la première carte a été délivrée moins de quatre mois avant cet anniversaire, elle est conservée par l'assuré jusqu'à l'anniversaire suivant.

Si l'assuré veut avoir un reçu indiquant la valeur des timbres collés sur la carte qu'il remet, il doit se rendre à la mairie pour faire l'échange de sa carte.

CHAPITRE III

Les avantages de la loi des retraites.

Le premier et principal bienfait est *la pension de retraite.* Cette pension est toujours utile, sinon nécessaire au vieillard.

Parfois ce vieillard est isolé, parce que les siens ont

disparu ; parfois il est abandonné, parce que ses enfants méconnaissent le précepte du Décalogue qui dit :

Tes père et mère honoreras.

Dans ces conditions, le vieux travailleur qui n'a pas su, ou qui n'a pas pu économiser suffisamment pour l'époque où ses forces viennent à lui manquer, tombe à la charge de la société et va finir ses jours dans un hospice loin de son pays, loin de ses amis.

Si beaucoup d'enfants remplissent encore leur devoir à l'égard de leurs vieux parents, ce peut être, c'est même souvent pour eux une charge qui peut devenir très lourde.

Désormais le vieillard, grâce à sa pension de retraite, contribuera aux frais du ménage ; sa présence au foyer familial rapportera quelques centaines de francs. De plus, le vieux grand-père, la vieille grand'mère pourront encore rendre bien des services : pendant que leurs enfants seront au travail, ils garderont leurs petits-enfants, ils feront le ménage, ils soigneront le jardin, la basse-cour ; enfin ces vieillards qui auront de l'expérience, parce qu'ils auront beaucoup vécu, pourront donner d'excellents conseils à leurs enfants et à leurs petits-enfants, et ils maintiendront autour d'eux les traditions religieuses, nationales et familiales.

On a dit que la loi constituait une retraite pour les morts. Mais celui qui parle ainsi, ignore qu'en moyenne, suivant les statistiques, sur 1.000 personnes vivantes à 15 ans, plus de 500 atteindront leur 65e année et plus de 600, leur 55e ; il ne sait pas que les salariés peuvent obtenir leur pension, — réduite, il est vrai — dès l'âge de 55 ans et que les assurés obligatoires ou facultatifs, atteints de blessures graves ou d'infirmités prématurées, ont droit, quel que soit leur âge, à la *liquidation anticipée* de leur retraite qui sera alors majorée par l'Etat.

. Les *allocations en cas de décès* forment le second bienfait de la loi. Quand un père de famille est gravement malade et qu'il sent sa fin approcher, une de ses plus grosses préoccupations, c'est de savoir ce que deviendront sa femme et ses enfants, s'il vient à mourir. A la mort du chef de famille, qu'il s'agisse d'un travailleur de l'industrie ou de l'agriculture, l'héritage n'est pas important, et c'est peut-être la gêne et même la misère qui pénètrent au foyer.

L'allocation en cas de décès sera la bienvenue dans ces circonstances difficiles. Elle est accordée, pourvu que l'assuré n'ait pas encore obtenu la liquidation de sa pension et à condition qu'il ait versé les trois cinquièmes des versements obligatoires, s'il est salarié, et au moins 9 francs par an, s'il est assuré facultatif.

L'allocation est de 50 francs par mois.

Elle est accordée :

1° Aux enfants de moins de 16 ans : pendant 6 mois, s'ils sont au moins trois ; — pendant 5 mois, s'ils sont au nombre de deux ; et pendant 4 mois, s'il n'y en a qu'un seul ;

2° A la veuve sans enfants de moins de 16 ans, pendant 3 mois.

Le total est donc compris entre 150 et 300 francs.

Ces allocations sont accordées aux enfants, qu'il s'agisse du décès du père ou de la mère. Elles pourront donc aller jusqu'à 600 francs, dans le cas le plus malheureux pour des petits enfants où le père et la mère viendraient à mourir.

Ces allocations ne proviennent nullement des versements des assurés, mais des subventions de l'Etat; c'est la loi de 1910 qui a créé le droit à l'allocation en cas de décès.

Ainsi donc, en cas de survie, l'assuré touchera une pension; en cas de décès prématuré, sa femme ou ses enfants auront des allocations.

On a résumé la loi en ces quelques mots : « C'est la liberté dans l'obligation », c'est-à-dire, obligation de verser, liberté de choisir la caisse d'assurance.

Ce *choix de la caisse d'assurance* est le troisième avantage de la loi, — le plus important au point de vue économique et social; si cette liberté n'avait pas été accordée, la loi aurait complètement échoué.

Ce n'est ni le patron, ni le maire, ni le secrétaire de mairie, qui désigne la caisse d'assurance; il est même interdit à l'administration municipale ou préfectorale de faire de la propagande en faveur d'une caisse quelconque. Seul l'assuré (obligatoire ou facultatif) a le droit de choisir la caisse d'assurance à laquelle il veut confier ses cotisations. La contribution du patron suit la cotisation de l'ouvrier dans la caisse choisie par ce dernier.

L'assuré choisit sa caisse d'assurance en l'indiquant sur le premier bulletin de renseignements qu'il remet à la mairie.

Si l'assuré n'a pas notifié son choix, il est inscrit d'*office* à la caisse nationale des retraites pour la vieillesse (C. N. R. V.).

Mais, chaque année, il peut changer de caisse ; pour cela, il indique ce changement sur un *bulletin rectificatif* qu'il envoie à la mairie *un mois* au moins avant l'anniversaire de sa naissance.

Les caisses d'assurances entre lesquelles les intéressés peuvent exercer leur choix sont : la Caisse nationale des retraites pour la vieillesse, les sociétés et unions de sociétés de secours mutuels, les caisses départementales ou régionales, les caisses patronales ou syndicales de retraites, les syndicats de garantie et les caisses de retraites de syndicats professionnels.

Nous recommandons spécialement au choix des assurés la *Caisse lorraine de retraites*.

CHAPITRE IV

La Caisse lorraine de retraites.

Ce qu'elle est.

La Caisse Lorraine de retraites que nous désignerons souvent par ces lettres C. L. R. est une caisse d'assurance, autorisée par un décret du Président de la République, en date du 4 mars 1912, à assurer directement pour ses adhérents les retraites prévues par la loi du 5 avril 1910.

Elle est chargée du placement des fonds, de la tenue des comptes individuels des assurés et du service des pensions ; elle a comme banquier la Caisse des dépôts à Paris à laquelle elle donne les ordres d'envoi de fonds, d'achat et de vente de valeurs ; tous les ans, elle notifie aux assurés les rentes acquises.

La C. L. R. est une société de secours mutuels fondée conformément à la loi du 1er avril 1898, pour l'application de la loi du 5 avril 1910 sur les retraites ouvrières et paysannes.

Son siège social est à Nancy, salle Déglin, 6, rue de l'Equitation.

Ses administrateurs sont nommés, non pas par le préfet ou le ministre, mais uniquement par les adhérents. Ils remplissent leurs fonctions gratuitement.

La société comprend des membres honoraires et des membres participants.

Sont membres participants les assurés obligatoires ou facultatifs qui habitent les départements de la Meurthe-et-Moselle, de la Meuse ou des Vosges. Ceux qui quitteront cette circonscription pourront néanmoins continuer à être membres participants.

Sont membres honoraires, sans avoir droit aux avantages de la société, toutes personnes qui versent une cotisation annuelle de cinq francs. Cette cotisation peut être rachetée par un versement unique de cinquante francs au moins.

La C. L. R. ne recueille pas directement les cotisations prévues par la loi du 5 avril 1910 ; ces cotisations sont perçues uniquement au moyen de timbres, qui sont apposés sur les cartes annuelles par les assurés, par les patrons ou encore par des organismes autorisés à faire la collecte.

Le montant de ces cotisations est inscrit au crédit de la C. L. R. par l'intermédiaire de la Caisse des dépôts.

La *Caisse lorraine de retraites* a un but essentiellement social et régionaliste.

Elle se propose de placer les fonds provenant des cotisations en valeurs autorisées par la loi et plus spécialement en valeurs régionales et sociales : prêts, dans sa circonscription, aux départements, aux communes et aux sociétés d'habitations à bon marché, voire même prêts hypothécaires à des particuliers sur maisons ouvrières ou jardins ouvriers.

Avec des valeurs locales, dans une région aussi riche qu'est la nôtre, il est permis d'espérer de pouvoir, en toute sécurité, trouver des placements au taux de 3,25 ou 3,50 %, au lieu du 3 % que l'on peut obtenir avec de la rente française ; on peut donc escompter une majoration appréciable des recettes de la *Caisse lorraine de retraites* et, par suite, des pensions payées par elle.

Nos départements qui ont besoin d'argent pour payer des chemins de fer et des installations téléphoniques, nos communes, surtout dans les centres industriels, qui cherchent des fonds pour des adductions d'eau potable, pour des créations de rues, pour des constructions de mairies ou de maisons d'école, pour des installations électriques, pourront emprunter plus commodément et sans doute plus économiquement à la C. L. R. qu'au Crédit foncier ou à la Caisse des dépôts.

D'autre part, l'argent des assurés des trois départements lorrains restera au pays au lieu d'être transporté à Paris ; cet argent reviendra aux ouvriers, aux commerçants et aux producteurs du pays.

Enfin, cet argent des travailleurs, en attendant qu'il leur procure une pension de retraite, sera employé en maisons ouvrières par des sociétés d'habitations à bon marché, comme le *Foyer lorrain* à Nancy, les *Foyers familiaux* de Bouxières-aux-Dames, Frouard, Lunéville et Pont-à-Mousson.

Outre le service principal des retraites, la C. L. R. organise des services accessoires qui pourront être très utiles. Elle se propose en effet d'aider, en cas de chômage ou de maladie, les assurés à payer leurs cotisations ; de donner des allocations en cas de décès ; d'accorder des secours aux membres honoraires atteints par des revers de fortune.

Ces secours seront prélevés sur le fonds de réserve alimenté par les cotisations des membres honoraires, les dons et legs qui pourront être faits à la caisse et par les économies faites sur la gestion. Les fonctions d'administrateurs étant gratuites, il n'y aura à payer que les imprimés et les appointements de quelques employés ; et la subvention d'un franc par an et par adhérent, allouée par l'Etat à la C. L. R., laissera un reliquat important qui viendra grossir le fonds de réserve.

La *Caisse lorraine de retraites* a droit, en effet, à toutes les subventions que l'Etat accorde aux autres organismes d'assurance et ses membres participants ont droit aux mêmes bonifications, majorations et allocations de l'Etat que les adhérents de ces organismes.

Comment on adhère à la Caisse lorraine de retraites.

On adhère sans frais à la *Caisse lorraine de retraites*.

Pour cela, il faut :

1° Remplir un bulletin d'adhésion à la *Caisse lorraine de retraites* et l'envoyer à M. le Président, salle Déglin, rue de l'Equitation, Nancy ;

2° En informer le maire de l'une des façons suivantes :

1ᵉʳ *Cas : L'intéressé n'a encore fait aucune démarche et il n'a pas de carte ;* il remplit un bulletin de renseignements destiné à la mairie, et, à la question « *Quelle Caisse est choisie par l'assuré ?* il répond : « La *Caisse lorraine de retraites* à Nancy. »

2ᵉ *Cas : L'assuré n'a pas choisi de caisse, ou bien il veut quitter celle à laquelle il s'était inscrit primitivement ;* il remplit un bulletin rectificatif indiquant qu'il veut que son compte soit transféré à la *Caisse lorraine de retraites* et il remet ce bulletin à la mairie *un mois au moins* avant l'anniversaire de sa naissance.

L'assuré signe ces divers bulletins.

Base légale de la C. L. R.

Suivant la loi du 1ᵉʳ avril 1898, « les sociétés de secours mutuels sont des associations de prévoyance qui se proposent d'atteindre un ou plusieurs des buts suivants :

« Assurer à leurs membres participants et à leurs familles des secours en cas de maladie ;

« Leur constituer des pensions de retraites ; etc..... » (art. 1ᵉʳ).

Une société de secours mutuels a donc le droit de se constituer avec la retraite comme but unique.

« Les sociétés de secours mutuels se divisent en trois catégories : les sociétés libres, les sociétés approuvées et les sociétés reconnues comme établissements d'utilité publique » (art. 14).

Cette même loi indique pour les deux dernières catégories de sociétés des modes de constituer des pensions de retraite : livrets individuels de la Caisse nationale, fonds commun inaliénable, etc. Mais elle laisse aux sociétés libres le soin d'organiser leur service de pension comme elles l'entendent, sans leur imposer ni même leur indiquer aucune modalité.

En conséquence, la *Caisse lorraine de retraites* est fondée conformément à la loi du 1er avril 1898, sur les sociétés de secours mutuels ; elle a pris la forme de société libre, elle a comme but unique la constitution des pensions de retraites pour ses membres participants ; elle réalise ce but par le mode et dans les conditions institués par la loi du 5 avril 1910 sur les retraites ouvrières et paysannes.

Parmi les sociétés de secours mutuels ayant comme but *unique* l'application de la loi des retraites ouvrières et paysannes, la *Caisse lorraine des retraites* est la première qui ait été autorisée par un décret du Président de la République.

CHAPITRE V

Questions diverses.

ARTICLE PREMIER. — **Capital aliéné ou réservé !**

Suivant la loi du 5 avril 1910, la retraite est constituée à capital aliéné ; toutefois, si l'assuré le demande, sa cotisation personnelle peut être versée à capital réservé.

Le décret du 25 mars 1911 n'autorise que les personnes majeures à réserver leur capital ; il refuse ce droit aux autres.

Que veulent dire ces mots : *verser à capital aliéné, à capital réservé ?*

Verser à capital aliéné, c'est verser à fonds perdus ; au décès du titulaire, ni les intérêts, ni le capital ne sont rendus à ses héritiers.

Au contraire, si un assuré verse à capital réservé, ses

héritiers — d'après le Code civil, ou d'après un testament —
peuvent, à son décès, retirer le capital, mais sans les
intérêts.

La réserve du capital a pour effet de diminuer la pension
de retraite dans des proportions variables suivant les âges.
Pour s'en rendre compte, on comparera les tableaux des pensions de retraites qui sont établis plus loin.

Que faut-il choisir? Souvent l'assuré est bien embarrassé.
Voici quelques conseils qui pourront peut-être le guider
dans son choix.

Voulez-vous la plus forte pension possible? Aliénez le
capital. Voulez-vous que vos cotisations ne soient pas per-
dues pour vos héritiers? Réservez le capital.

L'assuré célibataire et l'assuré qui n'a pas d'enfant ont
intérêt à aliéner leur capital.

L'assuré qui a une mauvaise santé aura une tendance à
réserver son capital à ses héritiers.

Beaucoup de parents réserveront le capital à leurs enfants.
Plus tard, si leurs enfants sont bien placés, ils aliéneront
leurs cotisations primitivement réservées, afin d'augmenter
leur pension ; ils pourront agir ainsi, du moins s'ils adhè-
rent à la *Caisse lorraine de retraites.*

Que faire pour réserver le capital? Qui ne dit rien consent
à ce que son versement soit aliéné. L'assuré majeur qui veut
réserver son capital à ses héritiers doit en faire la déclaration
expresse dans le premier bulletin de renseignements qu'il
remet à la mairie. S'il a négligé cette formalité, et si, mieux
renseigné, il veut que ses versements subséquents soient
réservés, il doit remplir un *bulletin rectificatif,* qu'il remettra
au moins un mois avant l'anniversaire de sa naissance.

Art. 2. — Sociétés de secours mutuels.

Si des adhérents de la Caisse lorraine de retraites sont
encore membres participants d'une société de secours mutuels (libre ou approuvée) donnant des secours en cas de
maladie, ils ont droit à une allocation annuelle de l'Etat, se
montant à 1 fr. 50 pour les assurés ayant plus de 18 ans et
à 0 fr. 75 pour les assurés moins âgés.

Cette allocation est attribuée aux assurés obligatoires et aux assurés facultatifs par l'intermédiaire de la société de secours mutuels.

Elle doit être affectée à un dégrèvement de la cotisation-maladie de l'assuré.

Toutefois elle n'est attribuée que si la cotisation versée pour l'assurance contre la maladie est d'au moins 6 francs pour les assurés de plus de 18 ans, et d'au moins 3 francs pour les autres.

Pour obtenir cette subvention, il n'est nullement besoin que la société de secours mutuels recueille les cotisations des retraites ouvrières et paysannes.

ART. 3. — Pensionnés continuant à travailler.

On ne peut avoir deux pensions au titre de la loi de 1910. Si donc un assuré obligatoire ou facultatif a fait liquider, soit à l'âge normal, soit, par anticipation, à 55 ans ou même auparavant en cas d'invalidité, la pension produite par ses versements, il ne peut plus verser comme assuré obligatoire ou facultatif. S'il reste salarié, il est dispensé de tout versement ; mais la contribution patronale continue à être due et elle est versée chaque mois chez le percepteur.

ART. 4. — Pensions en dehors de la loi
des retraites ouvrières et paysannes.

En dehors de la pension qu'il se constitue obligatoirement ou facultativement en vertu de la loi du 5 avril 1910, tout assuré reste libre de se constituer une autre pension, soit à la Caisse nationale des retraites pour la vieillesse (loi du 20 juillet 1886), soit à des sociétés de secours mutuels (loi du 1ᵉʳ avril 1898, par exemple, *Caisses de retraite et de dotation* répandues surtout en Lorraine, ou *Société générale de secours mutuels*, à Nancy, rue des Bégonias, 12).

L'assuré de la loi de 1910 qui se constitue une seconde pension sous le régime de la loi du 1ᵉʳ avril 1898, bénéficie à la fois des subventions accordées par la loi des retraites ouvrières et paysannes et par la loi des sociétés de secours mutuels.

Pour tous les assurés de la loi de 1910 il y a grand avantage à se constituer une pension sous le couvert de la loi de 1898. Pour un certain nombre, ce sera le meilleur et le seul moyen d'avoir une pension un peu sérieuse.

Des assurés, en effet, perdront le bénéfice des subventions de la loi de 1910, parce que les conditions pour y avoir droit sont assez difficiles à réaliser.

Bien plus des personnes peuvent être successivement assurés obligatoires, comme salariées, puis assurés facultatifs, quand elles s'établissent pour leur propre compte; et enfin elles peuvent être exclues de la loi de 1910, si elles ne rentrent plus dans la catégorie des bénéficiaires de la loi des retraites ouvrières et paysannes.

Art. 5. — Régime des étrangers.

Les salariés étrangers travaillant en France sont soumis à la loi sur les retraites; ils ont droit à la pension résultant uniquement de leurs versements personnels; ils ne bénéficient ni des allocations de l'Etat, ni des rentes produites par les versements patronaux, du moins dans l'état actuel de la législation.

Les étrangers ne peuvent en aucun cas être assurés facultatifs.

Les salariés naturalisés ont droit à la pension produite par leurs cotisations et les contributions patronales; ils n'ont droit aux subventions de l'Etat que s'ils ont été naturalisés avant 50 ans.

L'étranger naturalisé ne peut demander le bénéfice de l'assurance facultative que s'il a été naturalisé avant 50 ans.

Toutefois les personnes réintégrées dans la nationalité française (par exemple des Françaises devenues étrangères par suite de leur mariage, puis réintégrées par décret après la dissolution du mariage) ont droit à tous les avantages de l'assurance obligatoire ou facultative.

Art. 6. — Assurés obligatoires récalcitrants.

La loi des retraites ouvrières et paysannes a été faite pour l'avantage de l'ouvrier et non pas dans l'intérêt du patron.

Cependant il y a des salariés qui rentrent dans la catégorie des assurés obligatoires et qui refusent de subir une retenue sur leur salaire.

Qu'adviendra-t-il ?

Le salarié récalcitrant s'expose à être appelé devant le juge de paix et à s'entendre condamner à payer les cotisations en retard et une amende égale au montant de ces cotisations.

Le patron, dans ce cas, ne peut faire une retenue sur le salaire, si l'ouvrier s'y oppose formellement, mais il n'est pas dispensé de verser sa contribution. Il peut s'acquitter en collant sur la carte du salarié (dans le cas où elle lui serait présentée) des timbres verts, dits patronaux, dont le montant est égal à cette contribution patronale ; il peut encore se libérer en versant la somme à sa charge, à la fin de chaque mois, directement ou par la poste, au greffier de la justice de paix ou à l'organisme auquel serait affilié l'assuré ; il peut enfin conserver chez lui la somme représentant cette contribution patronale, mais en se tenant prêt à la verser en timbres verts dès que le salarié, ayant changé d'avis, lui présentera sa carte d'assuré.

Si le patron conserve l'argent, il aura soin d'ouvrir dans ses registres un compte qu'il pourrait intituler : *Versements en souffrance (retraites ouvrières)*.

CHAPITRE VI

Période transitoire.

Les assurés qui, lors de l'application de la loi, avaient déjà un certain âge et qui, par suite, ne pouvaient plus verser que peu d'années, auraient eu une bien faible pension si l'Etat ne leur avait donné des allocations importantes. Ces allocations ne seront accordées que pendant une certaine période d'années, dite période transitoire.

Article premier. — **Assurés obligatoires.**

Sont de la période transitoire les assurés obligatoires qui avaient plus de 30 ans au 3 juillet 1911.

Ils ont droit à l'allocation viagère de 100 fr., à condition que depuis le 3 juillet 1908 ils aient été salariés, qu'ils aient fait un versement chaque année et que le montant total de leurs versements annuels soit égal à autant de fois 9 fr. pour les hommes ou 6 fr. pour les femmes qu'il s'est écoulé d'années depuis le 3 juillet 1911 et le moment où ces assurés ont atteint 60 ans.

Ils peuvent, à partir de 55 ans, réclamer la liquidation anticipée de leur retraite, à condition d'avoir versé pendant 5 ans.

Pour avoir droit au bénéfice de la période transitoire, l'assuré obligatoire doit le réclamer dans le bulletin de renseignements qu'il remet à la mairie lors de son inscription ; il doit en outre justifier que, depuis le 3 juillet 1908, il est salarié (contrat de travail, certificat d'employeur ou certificat du maire).

Art. 2. — **Assurés facultatifs.**

Sont de la période transitoire certains assurés facultatifs qui avaient plus de 35 ans au 3 juillet 1911.

Le bénéfice de la période transitoire est attribué aux fermiers, cultivateurs, propriétaires exploitants, artisans et petits patrons (hommes ou femmes) qui, habituellement, travaillent seuls ou avec un seul ouvrier et avec des membres de leur famille ; mais il est refusé aux membres de leur famille, aux femmes ou veuves non salariées des assurés obligatoires ou facultatifs, ainsi qu'aux salariés gagnant de 3.000 à 5.000 fr.

Les assurés facultatifs qui ont droit aux avantages de la période transitoire et qui versent de 9 à 18 fr. par an depuis le 3 juillet 1911 jusqu'à 60 ans, ont droit à une bonification égale à la rente qu'aurait produite un versement annuel de 12 fr. depuis l'âge de 35 ans jusqu'à l'âge qu'ils avaient au 3 juillet 1911. S'ils ajournent la liquidation de leur pension jusqu'à 65 ans, ils peuvent, à leur choix, à partir de 60 ans, toucher cette bonification ou bien la faire verser à leur caisse d'assurance pour augmenter leur pension.

Ont les mêmes avantages que les assurés obligatoires : 1º les fermiers payant moins de 600 fr. de fermage; 2º les autres bénéficiaires de la période transitoire qui, à 65 ans, seraient tombés dans la misère, à condition que les uns et les autres aient versé 18 fr. par an depuis le 3 juillet 1911.

Pour avoir droit au bénéfice de la période transitoire, l'assuré facultatif doit le réclamer sur le bulletin de renseignements destiné à la mairie; il doit en outre justifier que, depuis le 3 juillet 1908, il est fermier, cultivateur, artisan ou petit patron (bail, rôle des contributions directes, déclaration de témoins, certificat du maire)...

***

Si les formalités ont été bien remplies, la carte d'identité délivrée à l'assuré soit obligatoire, soit facultatif, porte la mention suivante en seconde page : « L'assuré *a droit* éventuellement au bénéfice de l'un des régimes transitoires prévus par la loi. »

Si le bénéfice de la période transitoire était refusé à un ayant droit, il y aurait lieu de réclamer immédiatement.

***

Pour bénéficier des avantages de la période transitoire, les assurés devaient se faire inscrire dans un délai déterminé ; successivement ce délai a été prorogé. Finalement, le dernier délai expire, d'après la loi du 27 février 1912, au **3 juillet 1912**, quelle que soit la date de l'anniversaire de la naissance des intéressés. Cette même loi autorise les assurés de la période transitoire à effectuer rétroactivement les versements réglementaires, c'est-à-dire comptés à partir du 3 juillet 1911.

———<·+·>———

CHAPITRE VII

Montant des pensions
en prenant pour bases le taux de 3 % et la table C. R.

Ier Tableau : **Assurés obligatoires (hommes).**

Age au 1er échange de carte	Pension à 65 ans La cotisation ouvrière est		Pension à 60 ans La cotisation ouvrière est aliénée	Pension à 55 ans La cotisation ouvrière est aliénée
	aliénée	réservée		
15 ans	503 f [1]	—	301 f [1]	190 f
20	458 [1]	—	273 [1]	170
25	396	341 f	237	146
30	344	299	205	126
35	301	264	178	109
40	265	236	156	94
45	235	213	138	83
50	211	196	123	74
55	191	181	111	68
60	176	171	102	—

Si l'assuré touche, à partir de 60 ans, l'allocation viagère de 100 fr., les pensions à 65 ans (colonnes 2 et 3) sont diminuées de 62 fr.

Par contre, pour les assurés ayant élevé au moins 3 enfants jusqu'à l'âge de 16 ans, ces pensions sont augmentées de 16 fr. environ dans les colonnes 2 et 3 ; de 10 fr. dans la colonne 4 et de 7 fr. environ dans la colonne 5.

Les assurés qui ont 65 ans entre le 4 juillet 1911 et le 3 juillet 1912 et qui versent à capital aliéné, auront une pension de 113 fr., majorée de 11 fr. s'ils ont élevé 3 enfants jusqu'à 16 ans. Ils peuvent aussi toucher l'allocation de

---

(1) Si l'assuré fait deux années de service militaire, les versements sont suspendus pendant cette période de temps, et il y a lieu de retrancher, pour 15 et 20 ans environ, 24 fr. dans la 2e colonne et 14 fr. dans la 4e colonne.

100 fr. entre 64 et 65 ans, puis, à partir de 65 ans, une pension de 102 fr. ; ceux qui ont élevé 3 enfants jusqu'à 16 ans ont une allocation de 110 fr. et une pension de 112 fr. Si ces assurés réservaient leur capital, leur pension serait diminuée d'un franc environ.

IIᵉ Tableau : **Assurés obligatoires (femmes).**

Age au 1ᵉʳ échange de carte	Pension à 65 ans La cotisation ouvrière est		Pension à 60 ans La cotisation ouvrière est aliénée	Pension à 55 ans La cotisation ouvrière est aliénée
	aliénée	réservée		
15 ans	399 ꜰ	—	241 ꜰ	152 ꜰ
20	360	—	217	135
25	318	282 ꜰ	191	119
30	283	253	170	106
35	255	230	152	95
40	231	211	138	85
45	211	196	125	77
50	195	184	115	71
55	181	175	107	67
60	171	168	101	—

Si l'assurée touche, à partir de 60 ans, l'allocation viagère de 100 fr., les pensions à 65 ans (colonnes 2 et 3) sont diminuées de 62 fr.

Par contre, pour les assurées qui ont élevé au moins 3 enfants jusqu'à l'âge de 16 ans, ces pensions sont augmentées de 16 fr. environ dans les colonnes 2 et 3 ; de 10 fr. dans la quatrième colonne et de 7 fr. dans la cinquième.

Les femmes assurées qui ont 65 ans entre le 4 juillet 1911 et le 3 juillet 1912, auront une pension de 112 fr., majorée de 11 fr., si elles ont élevé 3 enfants jusqu'à l'âge de 16 ans. Elles peuvent aussi toucher l'allocation de 100 fr. entre 64 et 65 ans, puis, à partir de 65 ans, une pension de 101 fr. ; celles qui ont élevé 3 enfants jusqu'à 16 ans ont une allocation de 110 fr. et une pension de 111 fr.

III^c Tableau : **Assurés facultatifs**

Versant 9 fr. de 15 à 18 ans, et 18 fr. à partir de 19 ans,
et bénéficiant des avantages de la période transitoire.

Age au 1er échange de carte	Pension à 65 ans La cotisation est		Pension à 60 ans La cotisation est aliénée
	aliénée	réservée	
15 ans	503 ^{f}	—	300 ^{f}
20	444	—	260
25	351	242 ^{f}	205
30	273	182	157
35	208	135	117
40	178	120	99
45	154	110	84
50	133	103	72
55	117	97	61
60	104	94	54
65	86	84	—

Pour les assurés facultatifs ayant élevé 3 enfants jusqu'à 16 ans, ces pensions sont augmentées de 7 à 16 fr. dans les 2me et 3me colonnes, de 4 à 10 fr. dans la 4me colonne.

IVe Tableau : **Assurés facultatifs**

Versant 18 fr.
mais ne bénéficiant pas des avantages de la période transitoire.

Age au 1er échange de carte	Pension à 65 ans La cotisation est		Pension à 60 ans La cotisation est aliénée
	aliénée	réservée	
35 ans	208 ^{f}	135 ^{f}	117 ^{f}
40	154	96	84
45	110	66	57
50	73	43	35
55	44	24	17
60	21	11	2
65	3	2	—

De la comparaison des tableaux III et IV, on conclut

l'importance des avantages de la période transitoire pour les assurés facultatifs.

Si les versements réglementaires ne sont pas effectués tant par les assurés facultatifs que par les assurés obligatoires, les pensions peuvent être diminuées plus ou moins fortement.

Nous avons donné le montant *global* des pensions à différents âges. Voici quelques exemples montrant le *détail* des divers éléments de pension.

Nous supposons un versement annuel de 18 fr. fait au nom d'un homme, à capital aliéné, à partir de 40 ans.

1er *cas : la liquidation de la pension est demandée à 60 ans.*
Le versement annuel de 18 fr. donne à 60 ans une pension de 56 fr.

1. L'assuré obligatoire étranger a une pension de 28 fr.
2. Le salarié français a une pension de :
56 fr. s'il n'a pas droit aux avantages de la période transitoire ;
156 fr. s'il bénéficie de l'allocation de l'Etat ;
166 fr. si, de plus, il a élevé 3 enfants jusqu'à l'âge de 16 ans.
3. L'assuré facultatif a une pension de :
84 fr. (56 fr. produits par le versement annuel de 18 fr. et 28 fr. de majoration de l'Etat) ;
99 fr. s'il a droit au bénéfice de la période transitoire ;
103 fr. si, de plus, il a élevé 3 enfants jusqu'à 16 ans.

2me *cas : la liquidation de la pension est ajournée à 65 ans.*
Le versement annuel de 18 fr. donne à 65 ans une pension de 103 fr.

1. L'assuré obligatoire étranger a une pension de 51 fr. 50.
2. Le salarié français, qui n'a pas le bénéfice de la période transitoire, a une pension de 103 fr.

Le salarié français, qui a droit aux avantages de la période transitoire, peut toucher, de 61 à 65 ans, les 100 fr. d'allocation de l'Etat (110 fr. s'il a élevé 3 enfants jusqu'à 16 ans) et, à partir de 65 ans, il a une pension de 203 fr., portée à 213 fr. s'il a élevé 3 enfants jusqu'à 16 ans.

Le salarié français peut encore faire verser, de 61 à 65 ans, l'allocation de l'Etat à sa caisse d'assurance pour augmenter sa pension. Il obtient ainsi à 65 ans une pension de 265 fr., portée à 281 fr. s'il a élevé 3 enfants jusqu'à 16 ans.

3. L'assuré facultatif a une pension de :

154 fr. 50 (103 fr. produits par le versement annuel de 18 fr. et 51 fr. 50 de majoration de l'Etat) ;

178 fr. 50 s'il a droit au bénéfice de la période transitoire ;

186 fr. si, de plus, il a élevé 3 enfants jusqu'à 16 ans.

Prix de la notice :

1 exemplaire 0 fr. 20, *franco*.

25	»	4 fr.	»
50	»	7 fr.	»
100	»	12 fr.	»

Bar-le-Duc. — Impr. Saint-Paul. — 5239,4,12.

CAISSE LORRAINE de RETRAITES

Comité d'honneur :

Mgr Turinaz, évêque de Nancy ;

MM. Driant, de Ludre et Marin, députés de Nancy ;

Flayelle, député de Remiremont ;

Beauchet, maire de Nancy ;

Michaut, ingénieur, conseiller général, adjoint au maire de Nancy ;

Keller, industriel, adjoint au maire de Lunéville.

Conseil d'administration :

Président :   M. L. Bohin, président de l'*Union des Syndicats lorrains* ;

Vice-président :   M. A. Trousselot, employé de bureau (assuré obligatoire) ;

Secrétaire :   M. l'abbé L. Thouvenin, secrétaire du *Foyer lorrain* ;

Secrétaire-adjoint : M. L. Robin, représentant de commerce (assuré obligatoire) ;

Trésorier :   M. M. Lamasse, ancien inspecteur des Forêts ;

Membres :   MM. C. Désarmoise, négociant (assuré facultatif) ;

C. Guyot, ancien directeur de l'Ecole forestière ;

P. Michaut, à Baccarat ;

A. Terraux, avocat ;

R. Veillon, ingénieur, administrateur délégué de la Société cotonnière lorraine.

Commission de surveillance :

MM. P. Mota, négociant ;

A. Pierson ;

Le Comte P. de Landrian, ancien receveur des finances.

Les assurés
adhèrent en grand nombre
à la Caisse lorraine de retraites :

Parce que son comité d'honneur et son conseil d'administration inspirent toute confiance ;

Parce que les fonds y seront placés avantageusement, avec prudence et sécurité ; que les frais de gestion y seront minimes et qu'il est par suite permis d'espérer que les retraites payées par elles seront *plus élevées* que celles versées par d'autres Caisses d'assurance ;

Parce qu'elle est la *seule Caisse mutualiste exclusivement lorraine* et que les membres de son conseil d'administration sont nommés directement par tous les adhérents sans exception ;

Parce que syndicats, mutualités, associations y trouveront un lien nouveau groupant toutes leurs œuvres ;

Parce qu'à la *Caisse lorraine de retraites* seront minutieusement vérifiés, et au besoin rectifiés, les bulletins de chaque adhérent, le compte des timbres y apposés, le montant des allocations accordées et des retraites allouées ;

Parce qu'on y rencontrera, non l'accent froid et bureaucratique d'un personnel, poli sans doute, par contre forcément indifférent ; mais cet accueil cordial et empressé qui est le propre de ceux qui se donnent de tout cœur à l'œuvre qu'ils ont entreprise ;

Parce qu'enfin, à la *Caisse lorraine de retraites*, on n'agit pas en vue de faveurs ou de rubans, ni dans un mesquin but politique quelconque, mais qu'on y cherche uniquement, respectueux des libertés, à rendre service à tous et plus spécialement à la classe des travailleurs.

N. B. — La *Caisse Lorraine de retraites* (Nancy, rue de l'Equitation, 6) donne gratuitement tous renseignements utiles sur son fonctionnement et sur l'application de la loi des retraites. (Mettre un timbre, s'il y a lieu, pour la réponse.) Elle fournit aussi gratuitement des affiches, des bulletins d'adhésion, des bulletins rectificatifs, des tracts...